Herausgabe: Juli 2001
Titelbild: mit freundlicher Genehmigung
                der „Badenweiler Thermen
                    und Touristik GmbH"
Copyright: Kurt Wahl, Eigenverlag
                56295 Lonnig
                Alle Rechte vorbehalten
Druck: Books on Demand GmbH (BoD)
                22848 Norderstedt

ISBN 3-8311-2289-X

Herbst in Badenweiler

Erinnerungen an Besuche

und

einen Kuraufenthalt im Jahr 2000

von Kurt Wahl

Inhaltsverzeichnis

Septembermorgen in Badenweiler

Des Kurparks Neigung ist besetzt mit seltnen Bäumen,
die alt und steil zum blassen Horizont sich dehnen
und's Zentrum mächtig breit und hoch umsäumen,
als würd der Ort sich schutzbedürftig an sie lehnen.

Ein Nadelbaum reckt wie ein spitzer Kegel sich,
vom Kurhaus gut zu sehen, wo in Blumenpracht
die frühen Gäste wandern und sich zögerlich
mal setzen. Stühle sind jetzt feucht noch von der Nacht.

Du blickst rundum und überall ist Grün verbreitet.
Sogar die Autos werden, die den Platz passieren,
fast nur wie Beiwerk zur Natur vorbei geleitet.
Die nächste Biegung schluckt sie, wo sie sich verlieren.

Grad treibt der Wind mit Macht die Nebelschwaden
quer übern Platz und durch die Baumesreihen,
wie wenn sie nur zu einem Gastspiel eingeladen
und für den nächsten Ort im eil'gen Abmarsch seien.

Septembersonne saugt den Dunst wie eine Speise.
Das rechnet täglich hier zu ihren wicht'gen Werken.
Sie kämpft um warmen hellen Glanz auf diese Weise
und würd ihn gern minütlich mehr und mehr verstärken.

Die Burgruine wird schon deftig angeschienen.
Es leuchtet klar umrissen jedes Mauerstück.
Der rege Wind mag gern als Vorhang-Teiler dienen.
Jetzt stoßen Nebelfelder Sonnenlicht zurück.

Die ersten Paragleiter kreisen überm Ort:
Sie segeln vom Hochblauen still und sacht heran.
Betriebsamkeit des Alltags setzt sich planvoll fort
und bleibt doch eingebettet in den grünen Bann.

Vielleicht zwingt auch der Brunnen auf des Platzes Rund
Geräusche, die profan sind, durch sein Plätschern nieder,
als fließe hier ein Wiesenbächlein Stund um Stund
und bringe die verlorene Natur so wieder.

Trotz permanent alltäglicher Geschäftigkeit
um dich herum bewahrst du ein Gefühl von Stille.
Der bunte Blumengarten schwelgt in Sommerzeit
mit seiner südländisch geprägten Pflanzenfülle.

Und doch: Die Wandernebel bauschen sich im Wind.
Sie nehmen herbstlich zu und dämpfen hellen Schein. -
Es wird schon werden! Wenn sie weggeblasen sind,
wirst du erneut des Sommers froher Zeuge sein.

Im Herbstwald

Ein Blätterteppich färbt den Waldweg ein
mit Rot und Braun - das Gelbe überwiegt.
Selbst grünes Eichenlaub fällt mit hinein,
das, jugendlich noch wirkend, welkend liegt.

Das ist des Waldes würdig, mit den Pfaden,
dass er den Abschied farbig zelebriert.
Er muss sich seiner Blätterpracht entladen,
weil ihm der Winterschlaf Bedürfnis wird.

Er atmet aus: Du hörst ein einz'ges Fallen.
Zur Erde sinkt, was Erde werden soll
und zwischen jenen hohen Bäumen allen
schenkt Sonne Lichtbezirke lebensvoll.

Durch Wolkenberge und durch Nebelfelder
fand sie den Weg zur Erde noch einmal.
Die herbstlich fahle Düsternis der Wälder
tritt heut' nicht ein. Noch ist der Weg nicht kahl.

Zum alten Mann hin lohnt es sich zu steigen
und zur Sofienruh, zum Belchenblick.
Die weite Sicht ist dieser Stunde eigen.
Eil jetzt zum Licht! Du kehrst belebt zurück.

An Büschen siehst du Knospen, welche heut'
bereits die nächste Blüte vorbereiten.
Fühlst du auch Knospen, die dein Herz erneut
im nächsten Jahr zum Frühlingsblühen leiten?

Am Schluchsee

Der lange Schluchsee reflektiert der Sonne Grelle,
die als Oktober-Gastgeschenk sich offeriert.
Ein Ausflugsdampfer sprudelt übers Silberhelle,
bis er von einer Biegung fortgenommen wird.

Die Bäume längs des Ufers sind nicht kahl,
doch rüsten sich bereits zur Winterzeit:
Der Wind durchweht sie ein ums andre Mal
und macht sie rascheln in Ergebenheit.

Laub zischelt auf der Promenade weiter,
von vielen Gästen mit dem Fuß bewegt.
Es gibt sie reichlich, denn es ist so heiter.
Die Wärme hat Gemüter angeregt.

Noch einmal atmen jene Sonnenkraft,
die Helle, lauen Wind, den See, so weit,
auf dem zwei Segel gleiten, glatt gestrafft,
und deren Bahn zerfließt in Silbrigkeit!

Ein jeder greift nach diesem schönen Bilde.
Da gehen Menschen, die kaum gehen können,
wie um sich bei des lieben Lebens Milde
jetzt einen süßen Abschied kurz zu gönnen.

Ein Züglein gleitet langsam, leis vorbei,
fast wie die Segelboote auf dem See.
Die Bahn gab viele Sonnensücht'ge frei.
Das Abschiednehmen hat kein Ende je!

Auf dem Sehringer Rundweg

Den nahen Wiesenhang, sehr reich an Bäumen,
umkränzen bunte Wälder himmelweit,
die seine grüne Fläche hoch umsäumen.
Sie führn den Blick bis zur Unendlichkeit.

Unendlich meint bei trüber Wetterlage
die fernen hohen Berge der Vogesen.
Hier ziehen schwarze Wolken. Licht wird vage -
und **dort** ist blaue Botschaft abzulesen:

Der Himmel riss als schmaler Streifen auf
und Sonne wagt sich auf die Erde raus.
Grüngelbe Weiden leuchten hoch hinauf
und Häuslein sehn wie bunte Flecken aus.

Der Sonne Strahlkraft trägt das Bild heran,
als riefen Bergeshöhn: „Besteig uns jetzt!"
Der Rundweg gibt dir andre Richtung an,
die deine Wandrung mehr ins Blasse setzt.

Am Wiesenhang stehn bleiche Kühe still,
die Grünes fressen oder wiederkäuen.
Ein letzter Apfel, der nicht fallen will,
darf sich noch kurz am luft'gen Baumsitz freuen.

Du gehst den Weg zu Ende. Tropfen fallen,
Einstweilen stören sie den Rundgang nicht.
Solange sie im Laub nicht prasselnd schallen,
freut dich der Berge Glanz als fernes Licht.

Die Badenweiler Burgruine

Die Burgruine hat den Hügel inne:
Das Mauerwerk zieht sich die Höh entlang
und ragt halb rechts zum Himmel wie als Zinne
und sinkt in leichtem Bogen hin zum Hang.

Ein dürres Wäldchen von verschiednen Bäumen
reckt unterhalb die Wipfel rund und spitz,
als wollt's den Fuß der Burg nicht nur umsäumen,
vielmehr erstürmen jenen alten Sitz.

Alt ist es schon und grau, das Burggemäuer.
Damit der Wandrer, der den Hang erklimmt,
nichts abkriegt, sind recht viele Steine neuer,
so dass er keinen Burgruinen-Schaden nimmt.

Genießen darf er eine weite Sicht,
sofern er schwindelfrei und zeitlich ungebunden.
Auch kann er – beinah ist's Touristenpflicht -
das Monument auf einem Weg umrunden.

Vor der Ruine, auch recht gut erhalten,
erstreckt sich's Kurhaus als Terrassenbau.
Ein Kuppelglas weist hin zur Burg, der alten,
und der Beton ist auch ruinengrau.

Die Fläche atmet dennoch Leichtigkeit,
denn alles ruht auf schlanken Säulen fest.
Davor ist Raum zu promenien. Des Herbstes Kleid
schenkt bunte Blumentupfer als ein Rest.

Im Kurhaus tönt's. Der Tanztee ist im Gange.
Wer sich noch rühren kann, bewegt sich dort.
Für Menschen mit beschaulicherem Drange
klingt auch das Kurkonzert am selben Ort -

der Jahreszeit gemäß im warmen Saal,
im Sommer meist vorm Haus als Open Air.
Wer nur was sehen möchte kommt schon mal
für blaue Hühner oder Barbiepuppen her.

Der Musen Hochkultur wird angepriesen:
Konzert und Schauspiel, Lesung aller Art
sind auf unzähligen Plakaten ausgewiesen,
mit Komik und Besinnlichem gepaart.

Und wer sich von Kultur erholen mag,
dem bleibt Markgräfler Essen und der Wein.
Mit Bad'ner endet nur ein guter Tag.
Leicht rötlich strahlt der Burgruine Schein.

Herbststurm über Badenweiler

Der Waldrand gibt sein Laub in Wolken frei
und Herbststurm spuckt die Blätter in den Himmel.
Sie wirbeln, Vogelschwärmen gleich, vorbei,
als flög zu den Vogesen das Gewimmel.

Was schon am Boden liegt, scheint laut zu schrein:
„He! Her zu uns! Hierher! So wie wir auch!"
und mischt' sich gern in jeden Schwarm hinein,
als wär sein Los nicht Moder nach dem Brauch.

Ganz sicher fallen **alle** Blätter runter.
Nicht wichtig ist, wohin der Herbst sie weht.
Wie Blätterwolken gehn wir Menschen unter,
wohl wünschend, dass der Tod einmal vergeht.

Auf dem Feldberg

Der Feldberg liegt im blauen Horizont
und Scharn von Gipfelwüt'gen sind nicht zu bezähmen,
die aus dem Ort, verschwenderisch besonnt,
den langen Weg zur Spitze auf sich nehmen.

Das zieht sich. Aber niemand resigniert.
Selbst kleine Kinder werden mitgetragen
und Hunde springen, allseits intressiert,
die auch ins Grün hinein zu rennen wagen.

Am Ende winkt der Bismarck-Turm den Treuen,
die rechts sich halten und von Neugier voll.
Die große Plattform erst darf Steiger freuen,
weil sie der höchste Punkt im Land sein soll.

Viel höher ist der Turm, der noch im Bau
und der zu Rundfunkzwecken dienen wird.
Wer eine Hütte sucht - nach dieser Schau -
für Speis und Trank und mit Klosett, der irrt.

Es gibt nur Schilder, die das Übel zeigen:
Ein weitrer Weg sei erst zurück gelegt.
Dir wird des Schwaben Sparsamkeit zu Eigen:
Du gehst zurück, wie du dich hoch bewegt.

In Feldberg, Ort, steht mancherlei Lokal.
Du stiegst bergab, doch auf perfide Weise
zeigt jeder Aushang für des Hungers Wahl:
Es handelt sich um kühnste Gipfel-Preise!

Sofienruhe im Wind

Sofien**ruhe** scheint heut nur
mehr ein Versprechen in Natur.
Es pfeifen Böen durchs Geäst,
das Blätter fetzig fahren lässt

und Sofie wird, zwar fest gebaut,
als Hütte zu des Windes Braut.
Umheult, umtost - du musst nicht lauschen -
umwirbelt dich des Windes Rauschen.

Er biegt die Bäume hin und her,
als ob er Waldaufseher wär,
der's Personal am Zügel nimmt
und in die richt'ge Richtung trimmt.

Das harsche Zerren mildert nur
des warmen Herbstes Tempratur.
Schon morgen, sagen Wetterkarten,
droht Herbst mit Kälte auszuarten.

Das mag wohl sein im ganzen Land.
Für Badenweiler ist bekannt,
dass, wenn die Kälte vorwärts schreitet,
der Herrgott einen Mantel breitet,

mit dem er die Region versieht,
so dass der Frost vorüber zieht.
Die Heimat hält jetzt Regen feil.
Hier gibt die Sonne ihren Teil.

Sofienruh bringt im Ergebnis
zwar kaum ein säuselndes Erlebnis,
doch rauschverstärktes Sturmverhalten
mag seinen Umlauf fleißig halten;

es reizt dich heute umso mehr,
und auch der Ausblick macht was her.
Sofienruh, mit Sturm gepaart,
ist Einkehr von besondrer Art:

Es bläst aus dir das Einerlei
und legt die Seele wieder frei,
und du erkennst die eigne Mitte
wie Felsen unter Sofies Hütte.

Regenzeit

Der Wolkenoberbetten weiße Längen
bedecken konkurrierend Bergeshöhn
und bilden einen Kranz an dunklen Hängen,
als weißlich graue Fetzen anzusehn.

Es regnete die Nacht so wie aus Kübeln.
Des Morgenhorizontes schwarze Macht
lässt dich beim ersten Anblick finster grübeln,
ob's Tag will werden oder wieder Nacht.

Es tröpfelt unaufhörlich, aber leicht,
als wär der Meister aller kalten Güsse
unschlüssig, ob die Wassermenge reicht,
beziehungsweis' ob er noch liefern müsse.

Im Wald hängt Petrus Regenwäsche auf,
ganz frisch, tropfnass und weithin gleich verteilt.
So nimmt das Trommeln zweifach seinen Lauf
für den, der länger unter Bäumen weilt.

Sie morsen sich mit dem geschenkten Nass
ein stetes Regentropfen-Alphabet.
Der Wandrer nimmt's nicht sehr als Redespaß,
weil er der Zweige Sprache nicht versteht.

Er gibt sich mit dem weichgespülten Schopf
kaum einfühlsam ins Sprechen der Natur,
denn obendrein schlammt steter Regentropf
den Blätterboden voll - zur Moderspur.

Wohl darf es ein Naturereignis geben,
das den Touristen die Romantik lehrt,
doch kann's nur dann Gemüt und Herz erheben,
wenn er es trocken und auch warm erfährt.

Der Hochblauen wird bejagt!

Ein Kurgast, der nichts Böses ahnt, marschiert
auf einem Waldweg zur Hochblauen-Spitze,
bis dass die Waldesruh zerschossen wird.
Schon sieht er Jäger auf speziellem Sitze:

In Bäumen hocken sie bewegungslos,
als würden sie wie Früchte angebaut.
Sie schaun. Die Flinte ist gefährlich groß
und Schuss samt Echo klingt gefährlich laut.

Zweihundert Jäger, die den Berg bejagen,
verteilten sich. Auch Hunde flitzen rum,
die grelle, bunte Schleifen an sich tragen.
Sonst legt sie jemand noch als Schwarzwild um!

Der Wandrer, der die Zeitung nicht studiert,
erkennt erst jetzt, dass er hier fehl am Platz,
und hofft, dass er im Anblick differiert
und nicht zum Ziel wird einer Damwild-Hatz!

Rasch umzukehren scheint ihm zu verwegen.
Die Lösung muss im Bergesgipfel liegen.
Kaffee und Kuchen kämen sehr gelegen.
Wer die Umzinglung sprengt, kann beides kriegen!

Wie er den Rückweg antritt, knallt es weiter.
Ein Jägerbursche steht am Wegesrand,
an einer Stelle, die ein wenig breiter.
Ihn fragt er mutig nach dem letzten Stand.

Der Forstmann spricht von knappen zehn Minuten,
dann soll die große Jagd zu Ende sein.
Der Kurgast stoppt. Er mag sich nicht mehr sputen.
Der Jäger packt bereits die Waffe ein.

Nachdem die Jagd als solche abgeschlossen,
pirscht froh der müde Wanderer bergab.
Da hat noch jemand um ihn her geschossen.
Dem ging die Uhr wohl nach! Das bringt auf Trab!

Nun sieht der Gast mit Schaudern Reh' und Sauen.
Ein Gamsbock gab den Löffel ab sogar.
Es gibt nicht nur die Beute zu beschauen.
Man hört auch, wer der beste Jäger war!

Sie schrein sich zu die höchsten Abschussquoten.
Mit „Sieben!" hat sich jemand stolz gebärdet.
Ein andrer sprach von jenen Tiern, den toten:
„Die Rehe waren suizidgefährdet!"

Der Wandrer stürmt ins Tal. Zur Abendzeit
nutzt er das Kurkonzert für sein Gemüt.
Beim Heimgang stutzt er, weil er gar nicht weit
von sich im Schlosspark jetzt ein Füchslein sieht,

ein junges Kerlchen, das die Jagd vertrieben!
Der Schlosspark scheint ein sicherer Aufenthalt.
So hat sich der Tourist ins Hirn geschrieben:
„Du rennst zum Schlosspark, wenn es nochmals knallt!"

Frühstück im Sanatorium

Das Frühstück, will man's überdenken,
dient auch der Art, sich zu beschränken.
Du siehst und hörst so manches mit.
Das lenkt dich ab vom Appetit.

Da sitzt 'ne Dame mitten drin
als fortgeschrittne Rentnerin.
Am Zweiertisch spricht sie hinüber
zu ihrem stummen Gegenüber.

Den schwäb'schen Tonfall senkt sie kaum.
Drum schallt er durch den ganzen Raum.
Sie liebt, den Auszug jetzt zu geben
aus dem vergangnen reichen Leben

mit Garten und dem alten Haus
und spart nicht die Verwandtschaft aus.
Sehr sprachbegabt sei ja ihr Sohn.
Wahrscheinlich spricht er hochdeutsch schon.

Den Tagesablauf gibt sie preis,
den jeder ohnehin hier weiß.
Die Rede fließt als stetes Streben.
Die Nachbarin darf's Stichwort geben.

Des Gatten Bild ist aufgetaucht,
der nicht mehr zuzuhören braucht.
Er ruht in Frieden, hat gesühnt
und seine Ruh bestimmt verdient.

An andrem Platz spricht er und sie
von Algebra und von Chemie.
Sie funktionieren abgehoben,
niveaureich, aber leicht verschroben.

Man hat den alten Spruch zur Hand
vom Lehrersein im Endzustand.
Die Besserung, die sie erstreben,
wird sich nur äußerst schwer ergeben.

An einem Tisch vom runden Maß
sitzt eine Gruppe hinter Glas,
drei Damen jung und eine älter. -
Sie leeren ihre Essbehälter

mit Müsli, gröblichst angericht't.
Gesundes Frühstück gilt als Pflicht.
Die eine Dame findet Sinn
als chronisch süße Lächlerin.

Die untren Lider sind verdickt,
weil sie das Leben so entzückt.
Ihr Lächeln, das die Menschen lieben,
ist unterm Auge stehn geblieben.

Und sollte sie mal ernsthaft sein,
schaut sie doch herzig, so zum Schein.
Ein keckes Tüchlein umgeschlungen,
von einem heitren Blau durchdrungen,

macht ihr zum Pulli schön Kontrast,
der sich in Weiß dem Teint anpasst.
Ein Kind, das Liebe stets begehrt:
Lolita, aber abgeklärt.

Sie redet lebhaft, froh und munter
und schlingt derweil ihr Müsli runter.
Die heitre Laune muss halt stimmen.
Drum kriegt sie später Leibesgrimmen.

Die schlanke Dame neben ihr
begeht ein anderes Revier.
Des Kopfes Umriss bubenhaft,
entbehrt's Gesicht die Lebenskraft.

Es scheint erschöpft, erloschen fast,
gepeinigt von des Daseins Last,
obwohl die Trägerin bedingt
bloß vierzig Jahre mit sich bringt.

Selbst wenn sie isst, fehlt der Genuss.
Das Sein lebt sie als Überdruss.
Auch sie sei, hört man immerhin,
wahrscheinlich eine Lehrerin.

Das machte hart, hat sie verbogen.
Die Jugend hat nicht mitgezogen.
An ihrer Linken füllt die Truppe
'ne Form von später Barbie-Puppe.

Ihr roter Pulli reizt den Blick.
Das blonde Haar liegt stramm zurück,
zu einem Schwanz, der eingebunden.
Den trägt sie auf in Abendstunden.

Das Blond lockt männliche Bewerber.
Bloß zeigt sie's Antlitz etwas herber,
so dass der Ruch sie doch umweht,
dass sie dem Zarten widersteht.

Was sie zunächst zu scheinen scheint,
scheint letztlich gar nicht so gemeint.
Zur Komplettierung in dem Bunde
dient eine Oma jener Runde

der Marke freundlich, faltenreich,
und, wenn man fragt, dann hört sie's gleich.
Man spricht sie an, wenn man es schafft,
und mimisch wirkt es gönnerhaft.

Akustisch lässt's sich nicht beweisen
weil sie getrennt im Glashaus speisen. -
Der Herr dahinten dröhnt zur Frau,
er sitze öfter mal im Stau.

Selbst auf dem Hinweg für die Kur
kam er zum Halt auf falscher Spur.
Wie das Gesicht der Dame lehrt,
sitzt er auch jetzt erneut verkehrt.

Ein andrer Herr mit offnem Kragen
kann die Gemeinschaft nicht ertragen.
Er retiriert in eine Ecke,
die ihn vor Gafferei verstecke.

Verwegenheit, dezent, apart,
vermittelt sein Dreitagebart.
Auch wenn er Humphrey Bogart glich,
es geht ihm äußerst jämmerlich.

Die Kinder hier gehn in die Vollen,
die alles tun, was sie nicht sollen
und lauthals durch den Raum flanieren
und ihren Tisch und sich beschmieren.

Ein Kleiner stiehlt, er ist halt schneller,
der Mutter was vom Frühstücksteller.
Sie ging - sie konnte es nicht lassen - ,
um Obst und Käse nachzufassen.

Den Müttern wurd' Geduld verliehen.
Die einen wollen noch erziehen
und andre schaun genervt daher,
als ob der Bub nicht ihrer wär.

Ein jedermann, ob laut, ob stumm,
sitzt ein im Sanatorium
und möchte eines nur erreichen:
sich selber endlich wieder gleichen.

Wie sie des Alltags sich erwehren,
wolln sie der Seele Kraft vermehren.
Zwar stimmt das Ziel und macht auch Sinn.
Bloß scheint's ein weiter Weg dahin.

Der Rundweg

Man schickt eventuellenfalls
den Gast des Kurorts auf die Walz,
damit's im Ortskern nicht so laut
und der Verkehr nicht sehr gestaut.

Wer ankam und auch unterkam
und mit der Kur den Anfang nahm,
prüft neben seinen Ess-Diäten
die läuferischen Qualitäten.

Die Kurverwaltung dient sich an
mit einem stolzen Wegeplan,
der wegen Einfachheit gefällt,
weil er *den* Rundweg nur enthält,

und zwar den Rundweg zur Person
in jeder Größendimension.
Die Zeitangabe macht was her
und stimmt im Durchschnitt ungefähr.

Sie nützt dem Gast mit Hundeleine,
bedenkt selbst kurze Geher-Beine
und hat auch den im Blick bestimmt,
der einen Stock zu Hilfe nimmt.

Ob Sehringen, ob Lipburg-Ort,
ob Pfarrwaldweg und noch so fort,
ob Schweighof-artig, ob zentral -
der Rundweg führt durch Berg und Tal.

Sogar der Ölberg lädt den Gast
zu einem Rundweg ohne Hast,
doch bietet auch die harte Tour
dank eingebautem Trimm-Parcour.

Der Geher lässt sich anfangs ein
auf einen Rundweg, welcher klein,
und steigert, um sich zu beweisen
den Rundlauf mit den größren Kreisen.

Das aber kann nicht immer glücken.
Auch runder Weg hat seine Tücken!
Wer strikt im Zentrum angefangen
und immer nach dem Pfeil gegangen,

auf dem der Zielpunkt eingedruckt,
erreicht ihn, falls er richtig guckt.
Sogar der Rückweg meldet nur
im Schild dieselbe Signatur,

die dann nach Badenweiler führt,
wenn Lipburg angegeben wird.
Wer seinen Rundweg alterniert
und, falls sich's kreuzt, ein Pendler wird,

weiß nie, ob er vergebens kreist
und ihm das Schild die Richtung weist,
die er zu nehmen nun begehrt.
Mitunter führt's ihn umgekehrt.

Mit „Rundweg" wird der Satz firmiert:
Der Gast, der ihn begeht, rotiert.
Und so begegnen Geher dir:
„Wo geht's nach Badenweiler hier?"

Fast liegt der Ort vor ihren Füßen.
Die Panik lässt voll Elend grüßen,
weil jeder Rundweg, wenn man irrt,
zum Überlebenstraining wird,

wobei der Stress total entartet,
weil schon die nächste Mahlzeit wartet,
und jeder weiß es: Wer zu spät,
den straft's Büffee mit Spardiät.

Kurkonzert

Ein Kurort ist in Moll und Dur
meist eine Stätte von Kultur,
obwohl auch Vortragswesen leicht
den Kurgast öfter mal erreicht,

sofern ihm gut verständlich wird,
wie er Verdauung hier saniert
und andrer Leiden, die ihn plagen,
auf leichtem Wege darf entsagen.

Kultur in Reinform heilt die Wunden,
wenn sie mit Toneinfall verbunden,
der regelmäßig widerfährt.
Das ist der Grund fürs Kurkonzert.

Als Dosis gibt man überschläglich
das Ganze etwa zweimal täglich.
Ein weiteres wird vor dem Essen
am Sonntag Morgen zugemessen,

wobei es immer draußen spielt,
wenn gutes Wetter dies empfiehlt.
Und Badenweiler offeriert
'ne Truppe, leicht globalisiert.

Sie stammt, falls dieses recht bekannt,
aus Polen, unserm Nachbarland.
Acht Kräfte sind so engagiert,
die klassisch fit und orientiert.

Von einer heitren Matinee
und leichtem Mix zum heißen Tee
bis hin zu Oper, Operette
belebt ein Reigen diese Stätte,

teils süß und öfter virtuos
und immer ist der Anklang groß.
Selbst wenn das Jahr sich merklich neigt
und sich der Gast nicht reichlich zeigt,

sind Qualität und Echo gut,
weil's auf Gewöhnung schon beruht
und mancher sich im Musenkreis
als Wiederholungstäter weiß.

Der Boss prüft gern vor jeder Tat,
ob jeder seine Noten hat.
Vors Mikrofon tritt er sodann
und sagt den nächsten Titel an.

Dies mag in simpler Form geschehen
und wird ihm lächelnd nachgesehen.
Die Notensprache, die man pflegt,
ist umso breiter angelegt.

Die Truppe kriegt das Publikum,
das scheue, meistens gut herum,
hat sie das Alter recht gesehen.
Im Zweifel soll man höher gehen.

Kurzum, sie sind für Alt und Jung
und Mittlere Bereicherung
in handgemachter Tönekunde,
und immer nur für eine Stunde!

Die Cassiopeia-Therme

Die Römer galten augenscheinlich
im Grunde ab und an als reinlich.
Wer vornehm lebte, durft' in Thermen
sich damals schön den Körper wärmen,

wobei womöglich Konkubinen
zum ganzheitlichen Wärmen dienen.
Das Volk hätt Gleiches gern genossen,
doch blieb zumeist hier ausgeschlossen.

Es kam zu mehr profanen Reizen:
Die Therme war ja aufzuheizen.
Soweit antike Badkultur!
Heut pflegt man der Gemäuer Spur.

In Trier hört man prunkvoll schwärmen
als Attraktion von „Kaiserthermen".
In Badenweiler kriegt man's schlicht
als „Badruine" zu Gesicht.

Sie wurde mühsam ausgegraben
und darf ab jetzt ein Glasdach haben,
ein kühner Bau, der's Alte ziert
und die Ruine konserviert.

So lässt sich mit antiken Dingen
der neue Geist zusammen bringen
und zieht auch den Besucher an,
sofern er Steine leiden kann.

Damit er nicht im Trocknen steht,
falls er gern selbst zu Wasser geht,
entstand als Ausgleich an der Seit
ein Bad für die moderne Zeit.

DerAdel bleibt hier zugelassen,
doch mehr triffst du des Volkes Massen,
so dass sich Alt und Neu verbanden
und die Antike überwanden.

Stehst du vor des Thermalbads Bau,
erfährst du eine Völkerschau:
Franzosen sind hier wie zu Haus.
Aus Bussen strömen sie heraus.

Der Schweizer schätzt das warme Nass.
Sogar der Bayer hat hier Spaß,
und nach der Sprache zu vermuten,
sind echte Römer in den Fluten.

Wer's röm'sche Dampfbad hier genießt,
als Römer so den Kreislauf schließt,
erkennt dabei: Komfort von heut'
ist mehr als der zur Römerzeit.

Ein Kuppelbau umschließt ein Bad,
das temperiertes Wasser hat.
Die Bademeisterin übt dort
mit Gästen Aquarobic-Sport,

wobei im Wasser mehr die reifen
Semester nach den Stäben greifen
und sich auf Kissen vorwärts schieben
und sich verdrehen nach Belieben.

Das Marmorbad, wer dieses sah,
hat Wasser, warm – wie körpernah.
'ne Meerjungfrau am Beckenrand
behält dort ihren festen Stand.

Der Dauerjob im warmen Bade
verfärbte Schienbein und die Wade.
Die Kinder sind im Springen groß,
die Alten mehr bewegungslos

und steigen aus dem Whirlpool kaum.
Viel Dampf entquillt dem Nebenraum.
Noch mehr vernebelt Wasser draußen:
Ein langes Becken liegt nach außen.

Wer's ganz durchschwimmt, erfährt am Ende
im wärmren Wasser eine Wende:
Er kurvt als Strömungs-Utensil
im Kreise rund und tut nicht viel.

Zwei Vasensteinen vor dem Rund
entfließt das Nass wie einem Mund.
Dahinter ragt metallen schwer
ein Riesenring wie vom Dompteur,

als sollt' der Schwimmer wie'n Delfin
hochschnellend winden sich durch ihn,
um in die Flut zurück zu tauchen.
Bloß scheint kein Schwein den Ring zu brauchen.

Vielleicht dient er auch nur zu Schau
im großen Rahmen: „Kunst am Bau!"
Der müde Strampler strebt ins Haus
und streckt im Ruheraum sich aus.

Du schwimmst, genießt, bewegst die Knochen,
hast der Gymnastik zugesprochen
und spürst ermattet nach der Last,
dass du 'nen Körper bei dir hast,

zwar römisch nicht, antik mitnichten,
um Klassisches auf ihn zu dichten,
jedoch ein Corpus immerhin,
in dem noch immer Leben drin!

Der Wald steht schwarz
und schweiget

Ein Dichter sprach: Der Wald steht schwarz und
                                schweiget.
Der Schwarzwald führt im **Namen** sein Gemüt,
doch wer erstaunend aus dem Fenster sieht,
staunt, wie er gelb und rot und braun sich zeiget.

Wer durch die Wälder wandert, hört sie leben:
Die Bäume rauschen schwankend hin und her.
Sie rauschen dir die enge Seele leer
und wollen ihr die Weite wiedergeben.

Heut bleibt der nahe Wald tatsächlich stumm.
Um seine alte Rolle auszutauschen,
rauscht er nicht selbst. Vielmehr, er lässt jetzt rauschen:
Der Regen geht als Unterhalter um.

Im fernen Ortsteil glänzen Autolichter.
Der Tag beginnt als milchig trüber Schein
Die Nebel hüllen alles weißlich ein.
und schneiden breit die wolligsten Gesichter.

Die weite Landschaft ist in Nichts verblichen.
Du kannst die Berge in den Blick sonst nehmen.
Das Auge sucht sie, jene stolzen Schemen.
Doch die Vogesen sind vom Bild gestrichen.

Wenn du heut wandern willst, versuch es nur!
Die Nässe wird dich irgendwann durchdringen,
wenn deine Waldgelüste feucht vergingen.
Es stimmt: Du hast gar keine Kneippsche Kur!

Schwaben-Gipfel

Der Schwab, auch wenn er vom Badenser spricht,
verleugnet seine Heimat sprachlich nicht.
Nur Bayern gleichen ihm in dieser Weis':
Als Letztes gäb er seine Mundart preis,

besonders, wenn er unter Fremden weilt
und so wie hier den Ausflugsbus sich teilt:
In Badenweiler haben für 'ne Fahrt
Kurgäste an der Kirche sich geschart.

Sie zahlten die Vogesentour vorweg
in Hoffnung auch auf Käse, Wurst und Speck,
auf einer Ferme mit Rotwein, fein gereicht,
in Bergeshöhn, mit blauer Sicht vielleicht.

Der Regen schon beim Start will das verwässern
und er belehrt die Gäste eines Bessern.
Dem Reden nach fahrn Schwaben mit zumeist
und ein'ge Gäste sind halt zugereist.

Der Schwab, der seine Sprach für Hochdeutsch hält,
hat sich zu seinen Brüdern gleich gesellt
und macht ein tolles Heimspiel, ohne Zweifel.
Was soll Westfalen, Holstein oder Eifel?

Wird er verstanden nicht, so wie er spricht,
versucht er's, doch viel deutscher kann er nicht.
Selbst Zeitungs-News färbt jemand lesend ein,
als würd's phonetisch vorgeschrieben sein.

Am Kleinen Belchen dämmert's leider schon.
Der Regen-Nebel hat den Höhen-Thron.
Die Schwaben nehmen im Franzosenland
den hohen Bergesgipfel aus dem Stand:

Sie stehn vorm Bus und schwätzet alles nieder.
Dann gehn sie in die Ferme und tun es wieder.
Das Schlimmste wär zu einer Vesper gar
Französisch als Bestell-Vokabular.

Es hat die Hungrigen, die sich erst zieren,
erleichtert, dass die Kellner deutsch parlieren.
Denn besser Hochdeutsch als so völlig ohne!
Dann Mahlzeit! Prost! - Mit Rotwein von der Rhône!

Auch deutsches Geld - der Euro steht noch aus -
wird akzeptiert in diesem **hohen** Haus.
Die Mahlzeit mundet. Bald schon wird es Zeit.
Der Rest ist Heimfahrt, Schweigen, Dunkelheit.

Der Nörgler

Wer kennt ihn nicht? Es gibt ihn überall,
den Nörgler, diesen hoffnungslosen Fall,
den Querulantentyp, den seelisch kranken Mann,
der kurt, damit sein Hausarzt atmen kann!

Er zog bereits im Sanatorium
aus welchem Grund auch immer dreimal um
Bei Tisch sucht er sich selbstlos zu erhitzen:
Der Nachbar könne auch woanders sitzen.

Ihm quatscht er in das Essen unablässig.
Spricht er vom Personal, dann nur gehässig.
Die Mahlzeit, sagt er, kann er nicht vertragen,
doch hat erbarmungslos meist zugeschlagen.

Des Speisens andachtvollerer Genuss
stört wenig seinen steten Redfluss,
worauf sich Bröckchen, die zunächst entschwinden,
auf Zähnen und den Lippen wiederfinden.

Dem Partner rückt er bohrend-schrill zuleibe,
will wissen, was der Grund für dessen Bleibe.
Für einen Augenblick erschrickt er dann,
weil er ihm nicht Paroli bieten kann.

Bald wettert er auf Gruppentherapie,
gemeinschaftliche Übungsweisen, die
dem andern helfen, sich getrost zu halten.
Der Querulant sieht sie als Fremdgewalten

und nichts als einen lästigen Verdruss.
Ob er sich das gefallen lassen muss?
Das Angebot, das kulturell vorhanden,
kann nicht bei dem Niveau des Nörglers landen.

Durch manche Führung, örtlich plakatiert,
fühlt er sich allenfalls manipuliert.
Sein Hörer lauscht vergebens und gestresst,
wann Positives mal den Mund verlässt.

Spazieren gehn in herrlicher Umgebung
dient Geist und Körper meistens als Belebung.
Auch Schwimmen kann für beides nützlich sein.
Darauf lässt sich der Querulant nicht ein.

Dem Brunnenwasser in des Ortes Mitte
naht er sich allenfalls auf wen'ge Schritte.
Im Tropfenstrom, der übers Schuhwerk rann,
erschöpft sich seine „Kneipp"-Anwendung dann.

Die Klinik weiß sein Wesen zu verkraften.
Dort bleibt der gute Eindruck besser haften
von vielen, welche dankbar Hilfe finden
und Not und Krankheit noch mal überwinden.

Du triffst sie oft: Sie sprechen nicht von Leid,
vom Schönen nur, von milder Jahreszeit,
genießen Klinik, Landschaft, Ort und Wald
und blühen auf durch ihren Aufenthalt.

Der Nörgler braucht die Kur nicht, die er nutzt
und so wie die Umgebung runterputzt,
von der er sich schon immer unterschied:
Er selber bleibt des eignen Unglücks Schmied.

Doch gibt es keinen aussichtslosen Typ,
der bis zum End so starr wie anfangs blieb.
Auch er wird leiser, freundlich eine Spur,
doch glaubt nicht an die Wirkung seiner Kur.

Schnee auf den Bergen

Die Berge zeigen mit Kontur
von Schneebedeckung eine Spur.
Ob Häubchen oder lange Schneise,
der Winter hat auf seiner Reise

durchs Land mit diesem fernen Bilde
erreicht die wärmeren Gefilde.
Er weist mit Gesten, weiß und kalt
auf unsern bunten Blätterwald,

als wolle er die Herbstidylle
in ihrer farbenprächt'gen Hülle
mit Eisesfinger weichen heißen,
die Blätter von den Bäumen reißen

und Einkehr halten frostig strenge, -
wenn's in der Niederung gelänge!
Hier wiegt der Wald sich insoweit
auch weiterhin in Sicherheit

und kommt dem Wandrer auf den Wegen
mit mildem Windzug gern entgegen
und stellt sich jedem Froste quer,
als ob's noch nicht November wär.

Doch künden jene Bergesspitzen,
die in der Sonne weißlich blitzen,
der Jahreszeit sei wohl zu trauen:
Man muss nur in die Richtung schauen.

Bald deckt das kalte Kleid das Tal
und die Natur wird dürr und kahl
und alles ruht ein wenig dann
und auch der Mensch tät gut daran.

Sonniges Gastspiel

Du glaubst es kaum:
Du siehst den Himmel blank
bis in den fernsten Raum
der gestern noch ertrank.

Selbst die Vogesen glänzen
leicht matt und nicht mehr weit,
denn ihrer Gipfel Grenzen
verschiebt die Sonnen-Zeit.

Der Mond verströmt sein Licht,
dass er der Sonne helfe,
doch leistet dann Verzicht
in etwa gegen elfe.

Er weicht von jetzt auf gleich.
Vom adeligem Dresse
zerfließt auf einen Streich
die transparente Blässe.

Kaum ging er hin, entstehen
gewalt'ge Schleierschübe,
die vor die Sonne wehen,
und tauchen sie ins Trübe.

Novembersonne schwächelt.
Bloß - kämpfen kann sie noch,
und etwas später lächelt
die Angeschlagne doch.

Kaum kehrte sie sich ab
und schwärzte Nacht das Tal,
stürzt Nässe reich herab.
Der nächste Tag wird fahl:

Von Badenweiler späht
man nicht bis Müllheim rüber.
Der Guss, der sich entlädt,
führt in den Abend über.

Den Schneepflug setzt man ein,
der Höhen frei jetzt schiebt
Ade, du Sonnenschein,
komm wieder - wenn's beliebt!

Kurt Wahl

Kurt Wahl wurde 1944 geboren. Mit dem Schreiben von Gedichten und Geschichten begann er als Jugendlicher.

Schwerpunkte seiner schriftstellerischen Tätigkeit sind zurzeit u.a. lyrisch-satirische Beobachtungen des öffentlichen Lebens, aber auch Erzählungen und Kurzgeschichten. Kurt Wahl wirkt in mehreren Poetentreffs bzw. Literaturzirkeln mit.

Von dem Autor sind in letzter Zeit folgende Bücher erschienen:

„Geschichten von kleinen Jungen", Erster Teil, 80 Seiten
Frieling Verlag, Berlin; zu beziehen beim Autor   9,80 DM

„Mit dir lass ich die Erde unter mir", Roman, 412 Seiten
R.G. Fischer Verlag, Frankfurt/Main   39,80 DM

„Das Gedicht" – Beispiele zu einem unerschöpflichen
Thema, 101 Seiten, Eigenverlag   14,80 DM

„Auf öffentlicher Bühne - oder: Verhältnisse wie im letzten
Jahrtausend" – Aus dem lyrischen Tagebuch 1999,
130 Seiten, Eigenverlag   14,80 DM

„Geschichten Vom Kleinen Jungen - Zweiter Und Dritter Teil",
138 Seiten, Eigenverlag   14,80 DM

„Auf öffentlicher Bühne – oder: Das fängt ja gut an!"
Aus dem lyrischen Tagebuch 2000, 77 Seiten, Eigenverlag   9,80 DM

<u>Vertriebsanschrift:</u>   Kurt Wahl, Koblenzer Weg 16
        56295 Lonnig, Tel.:   02625/7453
                                 0178/5178959
        Kurt.R.Wahl@t-online.de